BIBLIOTECA DE DERECHO DE LAS PERSONAS

Carlos Antonio Agurto Gonzáles
(Director)

Sonia Lidia Quequejana Mamani
Benigno Choque Cuenca
(Coordinadores Generales)

VALERIO CAMPOGRANDE

LOS DERECHOS SOBRE LA PERSONA PROPIA

Edición al cuidado de
Carlos Antonio Agurto Gonzáles
Sonia Lidia Quequejana Mamani
Benigno Choque Cuenca

Ediciones Olejnik

Título: Los derechos sobre la persona propia

© Valerio Campogrande

© Ediciones Olejnik
Huérfanos 611, Santiago - Chile
E-mail: contacto@edicionesolejnik.com
Web site: http://www.edicionesolejnik.com

Primera edición en Ediciones Olejnik: 2022

ISBN: 978-956-407-191-6

Diseño de Carátula: Ena Zuñiga
Diagramación: Luis A. Sierra Cárdenas

Impreso en Argentina 2022 Printed in Argentina

ÍNDICE

PARTE GENERAL

I

SUMARIO: La serie antigua de los derechos.— La disponibilidad de la persona propia en la realidad de la vida.— La leyenda de la libra de carne y el *Mercader de Venecia*.— Amescúa y Stryk.— La doctrina alemana y la italiana.— Contenido de la *potestas in se ipsum*. —El *jus in se ipsum*.— Distinción entre la personalidad y el derecho sobre la persona propia.

1. El antiguo cuadro de las categorías de los derechos civiles está aun incompleto. La teoría, antigua también, de la personalidad puesta como fundamento de toda clase de derechos, debe continuarse con aquellos que sobre la persona propia se tienen; derechos que forman la primera exteriorización de la personalidad misma y que tan fecundos son en interesantes aplicaciones.

He dicho que el cuadro de la categoría de los derechos está incompleto mientras no se le añada la que me propongo estudiar. En efecto, la voluntad humana no limita su actividad tan solo a las cosas o a las demás personas: hay un tercer objeto de esta actividad, el cual es la propia persona, y no existen razones para excluir de la ciencia el estudio de los derechos que surgen de esta manifestación de la actividad del hombre.

La característica más señalada de estos derechos consiste precisamente en que su objeto no es cualquier cosa separada y distinta de la persona a que pertenecen, sino esta misma persona humana dueña de ellos.

2. Para llegar a una noción clara y exacta de los derechos sobre la persona propia, conviene partir de la observación de los hechos.

Considerando la actividad humana en la realidad de la vida, véase continuamente a los hombres disponer en varias formas y medidas de sus personas, física o psíquica.

El trabajador pone a disposición del capitalista la energía de sus brazos, que se aplica en formas y condiciones diversas, desde el escritorio hasta la mina.

El delincuente, después de cometer el delito, se expone a sufrir una pena corporal.

El hombre honrado que se ve ultrajado, pide a su difamador la prueba de los hechos y busca la solemne reafirmación de su honor en la publicidad de un juicio que, a veces, sin embargo, puede serle adverso.

El ciudadano se alista voluntario en una expedición militar, *y* va a buscar la muerte en el campo de batalla.

El domador juega su vida entre las fieras.

El funámbulo arriesga la suya sobre una cuerda.

El aeronauta la confía a un frágil globo.

El explorador se expone a innumerables riesgos y peligros por beneficio de la ciencia.

El ayunador pone en crisis la resistencia de su organismo;

El médico, para curar a otros sus enfermedades, sacrifica su propia persona y a veces halla la muerte cuando devuelve a otro la salud y el bienestar.

El artista, el literato, el científico, disponen de su inteligencia y cultura en favor, ya de una sola persona, o de todo el público.

El que se bate, busca en las armas la satisfacción de su honor ultrajado, y quizá sea muerto.

El vencido en la incesante lucha por la vida quiere, aniquilando su existencia, hallar un asilo contra las persecuciones de la suerte y de los hombres.

Estos ejemplos podrían multiplicarse, pero los citados demuestran, con toda su variedad, que en la realidad de la vida el hombre dispone continua y distintamente de su propia persona.

¿Pero esta facultad es un derecho verdadero y propio por sí mismo? Si lo es, ¿cuáles son su naturaleza y límites? ¿De qué aplicaciones, en fin, es susceptible?

3. En la leyenda popular y en el arte, hay un ensayo, bellísimo por cierto, del concepto según el cual el hombre es dueño de su persona.

No es necesario ensalzar su importancia; aunque no sea una exacta aplicación de reglas jurídicas, merece recordarse en cuanto representa el desarrollo de una leyenda, que puede tomarse por expresión de la conciencia jurídica popular. Es la leyenda de la libra de carne, contenida en la comedia de Shakespeare, *El Mercader de Venecia.*

Antonio, que es el mercader, no tiene disponibles 3.000 ducados que necesita su amigo Basanio, enamorado de Porcia, para trasladarse a la residencia de ésta en Belmonte. Por hacer un obsequio a su amigo, Antonio toma prestados los 3.000 ducados del judío Sylock, quien, odiando a Antonio, le concede el dinero sin réditos, pero con el pacto de quitar del cuerpo de Antonio una *libra de carne,* si en el término de tres meses no se los restituye.

El mercader, no puede cumplir su compromiso, y Sylock exige la libra de carne. Basanio le ofrece mayor cantidad, pero el judío no quiere más que el cumplimiento del contrato. Se acude ante el Dux, el cual trata de ganar tiempo. La gentil condesa Porcia aparece entonces disfrazada con la toga de abogado.

Porcia reconoce que la obligación es legal, y fundado el derecho de Sylock; pero, ya que éste no quiere que a la ejecución asista un cirujano, porque el contrato no lo dice, el fingido abogado advierte que si Sylock, al cortar la libra de carne, derrama una sola gota de sangre o corta más o menos de la libra, quedará patente que ha atentado contra la vida de Antonio y, por consiguiente, será castigado con la pena capital según las leyes venecianas.

La sentencia es, pues, formalmente, favorable a Sylock: pero éste se ve en la imposibilidad de ejecutarla; así, pues, se da por vencido. El Dux, para castigarle, le obliga entonces a donar todos sus bienes y a hacerse cristiano.

Esta leyenda de la libra de carne, recogida por Shakespeare, ha sufrido muchas transformaciones. Una de ellas puede verse en la historia anecdótica de Sixto V, escrita por Gregorio Leti e ingeniosamente comentada por Azzolini(1).

Del significado jurídico de esta leyenda se ha ocupado también Ihering(2), el cual observa, entre otras cosas, que se diría que el hecho había acaecido en la antigua Roma, y Symrock, dice Chianini(3), trata de probar el origen occidental de la misma leyenda, que, en su opinión, representa el triunfo de la *æquitas* sobre- él *jus strictum,* que es la sustancia de toda la historia de la legislación romana.

Para nosotros es importante, en cuanto es una manifestación de la conciencia popular, expresada en LOS razonamientos de Sylock, que, no solo afirma el respeto y cumplimiento de las obligaciones libre y voluntariamente contraídas, sino que también reconoce que el hombre es dueño de su cuerpo y que de él puede disponer a su arbitrio.

---

(1) *Sylock y la leyenda de la libra de carne;* Reggio Emilia, 1803.
(2) Citado por Azzolini, obra citada, págs. 22 y siguientes.
(3) *Nuova Antologia,* 1° Abril 1892.

Del valor jurídico de estos pactos en el derecho moderno, me ocuparé en la parte especial. Observemos, mientras tanto, que la leyenda de la libra de carne ha conservado en sus líneas principales el episodio de la disposición de una parte del propio cuerpo, a pesar de las muchas transformaciones que ha sufrido. Este es un argumento que demuestra la existencia de un sentimiento popular constante.

4. Si desde la leyenda y el arte se pasa a la jurisprudencia, hallaremos también elementos importantes para la génesis de nuestra teoría.

Un escritor español, Baltasar Gómez de Amescúa, en un interesante libro, casi desconocido hoy, titulado: *Tractatu de potestate in se ipsum*[1], estudió con amplitud la cuestión de los límites en que el hombre tiene potestad sobre su vida, cuerpo y forma, y las consecuencias que se derivan de esta potestad.

Samuel Stryck, en el tomo segundo de las *Dissertazioni giuridiche Francofortesi*[2], escribió una sobre *sis tens jus hominis in vitam, in corpus et in faman.*

4 *bis.* No es, por consiguiente, exclusivamente moderno el concepto de una potestad sobre la propia persona física y moral.

Pero si la idea es antigua, no lo es tanto la construcción jurídica del *jus in se ipsum,* según como debe ser con las actuales exigencias científicas. Es decir, que Amescúa y Stryck han establecido, sí, el principio del *jus hominis in se ipsum,* pero sin indagar su naturaleza y límites, ni elevar ningún principio general y a propósito para servir de base a una teoría.

Amescúa se limita a demostrar, en contra de la mayoría de su tiempo, que, ya por ley de la naturaleza, o por los preceptos de los derechos civil, canónico y regio, todo hombre tiene una *potestas in se ipsum,* en los límites establecidos por la ley[3].

---

(1) Mediolani, *apud Petrum Martirem Locarnum,* 1609.

(2) *Florentiae,* 1837.

(3) Obra citada, cap. II, págs, 7 y siguientes.

Con este principio, nuestro autor estudia sus aplicaciones; del derecho de matarse y de hacerce matar; del derecho de sacrificar el cuerpo; del derecho sobre la fama y la libertad propias; del derecho de arrendar para siempre la propia persona. Pero principios que sirvan para construir una teoría general y sistemática, no se encuentran en las cuatrocientas ochenta páginas de su curioso Tratado.

También Stryck se ocupa más de las aplicaciones que de la teoría; esta es la razón de que su obra, a pesar de estar escrita con verdadero rigor científico, no preste mucha luz a nuestro asunto.

5. Preciosos elementos para la teoría se encuentran en la moderna escuela alemana, y en Italia, en los estudios de los profesores Fadda y Bensa[(1)], que, aun no siendo tratados completos y sistemáticos, por la doctrina que contienen y la bondad de sus observaciones, auxilian mucho para el estudio.

6. La existencia de una categoría de derechos sobre la persona propia, la han reconocido, en varios sentidos, escritores muy autorizados[(2)].

Puchta[(3)] la admite, pero en un sentido especial. Entiende por tales, aquellos derechos en las cuales la voluntad se tiene por objeto a sí misma, en el sentido de exigir cierto respeto por su calidad de voluntad de una persona y no en el de exigirle por su contenido. Puchta, pues, concibe el derecho sobre la persona propia como el derecho de personalidad. «Este poder ju-

---

(1) Nota *e* a la versión italiana del *Derecho de las Pandectas,* de Windscheid, lib. II, § 40, págs. 601 y sigs.

(2) Véanse, además de los autores que se citan en el texto, Heusler, *Istituz. di. dir. priv. Tedesco,* I, § 21; Vamo, *Paud.,* § 16, II, (7ª. ed., 1890); May, *Elements de droit romain,* I, págs. 7 y sigs.; Lay, *Sistema del dir. civ.,* I, § 9, citados por Fadda y Bensa, lugar citado, págs. 601. Compárese con Thou, Bierling y Kohler, citados por Windscheid, obra citada, § 40, págs. 177.

(3) *Pandette,* §§ 22, 46, 114 y sigs., en Windscheid, obra y lugar citados, nota 1, y *Corso delle istituzioni presso il popolo romano,* trad. ital. De C. Poli, vol. I, págs. 70-71 (Milán y Verona, Civelli, 1858).

rídico de ser persona—el derecho de la personalidad—es un poder completo sobre todo el destino de la persona». (*Istit.*, lugar citado, p. 70).

7. También para Chironi[1] el derecho sobre la propia persona pertenece al derecho de la personalidad, pero no de la manera que lo entiende Puchta. Conviene referir lo que escribe el profundo civilista. «La ley garantiza la potestad de querer (libertad de obrar), en las varias manifestaciones referentes, ya al sujeto mismo (persona) como entidad de por sí, ya a las cosas, ya a las restantes personas. En orden a las primeras, la ley no pone límites que disminuyan la potestad de la persona sobre sí misma, sobre su propia existencia, porque el poder de la persona sobre las cosas y los derechos que pueden nacer en correspondencia de las *obligaciones* creadas con otras, mal se podrían concebir si aquella a quien se refieren no tuviese la plena señoría de si; este poder y derechos SON la extensión del que comienza a afirmarse en la persona sobre sí misma, y la garantía en contra de quien injustamente ofende su propia existencia, es otro aspecto del mismo derecho.

«De este modo, el derecho de la *personalidad* puede representarse como derecho sobre la persona propia y como idea fundamental de los derechos especiales de las varias relaciones de la persona con las otras personas y con las cosas».

7 *bis*. Neuner[2] define el derecho de la personalidad como derecho de la persona para ser fin de sí misma, afirmándose y desenvolviéndose en este sentido. Dentro de esta noción comprende el derecho al cumplimiento de las relaciones jurídicas o incluye en la teoría del derecho de la personalidad las limitaciones de la capacidad de obrar y las instituciones tutelares.

---

(1) *Istituz. di dir. civ. ital.*, vol. I, § 22, pág. 29.
(2) En Windscheid, lugar citado.

8. Otros autores no hablan de derechos sobre la persona propia, sino de *derechos personales, o* bien usan la frase *derechos de estado*(1).

Entienden por tales derechos los que pertenecen a la persona como tal, por lo mismo que es persona y debe ser reconocida y respetada, o por su posición en ciertas relaciones fundamentales, especialmente en la familia.

9. Una decidida afirmación del derecho sobre la persona propia se encuentra en Windscheid(2).

Windscheid parte del concepto de que la voluntad del hombre es decisiva para su persona, y que el orden jurídico, que; así lo reconoce, le concede derechos para con todas las demás. Nace de esta suerte el derecho a la vida, a la integridad corporal, y el de disponer, sin obstáculos ni trabas, del propio cuerpo. La voluntad del hombre puede concebirse también como regla decisiva para sí propia respecto de su existencia psíquica, de donde surge el derecho a la exteriorización de su espíritu en todas las funciones que le son naturales.

10. Mucho más preciso es el concepto de los profesores Fadda y Bensa.

Para ellos, el derecho sobre la propia persona, es un derecho por sí mismo, esencialmente distinto del derecho de la personalidad. Esta es la base de todos los derechos especiales, cualquiera que sea su naturaleza, y, por consiguiente, de los derechos sobre la persona propia, que se concretan en los que caben sobre el cuerpo y todas las facultades personales. El derecho de la personalidad contiene en si distintas manifestaciones, de las cuales es una el derecho sobre el cuerpo y facultades personales propias(3).

(1) V. Wächter, *Dir. priv. del Würtemb.*, 11, § 45; Bruna, en la *Enciclopedia di Holtzendorff*, 1, pág. 268, en Windscheid, lugar citado; Ferrini, en Glück, *Commentario alle Pandette*, lib. 1.ª, trad. ital. (Milán, 1888), pág. 475, nota *a;* Wangerow, a quien allí se cita. Unger, también citado, y otros, niegan el concepto de los derechos de estado.

(2) Obra citada, lugar citado.

(3) Lugar citado, págs. 801 y siguientes.

11. Estos principios están de acuerdo con la teoría que trato de exponer.

La esencia y el contenido de los derechos sobre la persona propia consisten, como se ha dicho, en la facultad de disponer, en todas las formas de disposición, de la propia persona física, no solo de algunas cualidades propias de la persona moral con exclusión de otras. Por el derecho que todo hombre tiene sobre su persona, puede disponer de ella en los límites que determinaremos, impedir cualquier atentado contra ella y obtener la reparación del daño del que ofendió estos derechos.

Esta potestad, que, usando la expresión de Amescúa, puede llamarse *potestas in se ipsum,* se exterioriza de diversos modos, sin que sea siempre posible sorprender sus manifestaciones, porque a veces se oculta en las formas de un contrato cuyo nombre no revela su existencia, como se verá en la parte que destinemos a sus aplicaciones.

Pero, cualquiera que sea la manifestación de *ensta, potestas,* su contenido consiste siempre en la facultad de disponer de la persona propia.

12. Sin embargo, aun cuando se ha dicho que el hombre tiene facultades para disponer de sí mismo, no se ha demostrado todavía que estas facultades constituyan un verdadero y propio derecho.

Es necesario hacer una distinción.

Frente a sí mismo, el hombre carece de *derecho* sobre su propia persona. La razón es concluyente: el derecho no puede concebirse más que como una *proportio hominis ad hominem;* así, pues, la idea de un derecho para consigo mismo es absurda.

En relación a sí mismo, el hombre tiene una *potestas,* una *facultad* de disponer de su persona. Esta *potestas* se convierte en propio y verdadero *derecho* cuando se la considera en sus relaciones con los otros hombres, ya en sentido positivo, si se la ve como potestad de crear relaciones jurídicas, ya en sentido negativo, como prohibición impuesta a los demás de impedir su libre ejercicio. He aquí la *proportio hominis ad hominem* y he aquí también destruida la primera objeción a nuestra teoría, acusada de querer crear derechos del hombre para consigo mismo[1].

Entendida, pues, en el sentido en que la hemos explicado, la *potestas in se ipsum* se convierte en un *jus in se ipsum,* derecho verdadero y propio, considerado, según los principios doctrinales, como potestad de querer que la ley reconoce y protege, ora afirmándola expresamente, o bien prohibiendo que se perturbe[2].

La ley misma, expresa o tácitamente, reconoce y garantiza esta potestad de querer en relación con la disposición de la propia persona.

Cuando la ley reglamenta, por ejemplo, el matrimonio, la prostitución, el arrendamiento de trabajos manuales, el transporte de las personas, el alistamiento voluntario en el ejército, etc., reconoce, más o menos expresamente, el derecho que el hombre tiene para disponer de su persona física, lo mismo que, cuando concede al ultrajado la reclamación de la prueba de los hechos con que se le ultraja, admite el derecho de disponer de la persona moral.

Otras veces, el reconocimiento del *jus in se ipsum* toma un aspecto negativo, como sucede cuando la ley no establece prohibiciones. La ley no prohíbe el suicidio, ni la facultad de maltratar el cuerpo propio, salvo los casos de mutilación para eximirse del servicio militar, ni la de exponer la vida o la integridad personal en peligrosos experimentos, salvando, sin em-

(1) La misma objeción, se biso a Ferri, en un artículo crítico publicado en la *Nuova Antologia,* con motivo de su teoría sobre el derecho para disponer de la vida. Este artículo le ha incluido Ferri mismo en la cuarta edición de su obra: *L'Omicidio-Suicidio,* paga. 148 y siguientes.

(2) Sobra esta concepción del derecho, véase a Chironi, obra citada, § 21, páginas 27 y siguientes, y los autores que cita.

bargo, las restricciones creadas por motivos de orden público, ni la libertad de exponerse a operaciones quirúrgicas peligrosas, etc.

En este y otros casos, hay un reconocimiento tácito del derecho de disponer de la persona propia(1).

13. Llamaremos, pues, como llama Amescúa, *potestas in se ipsum,* al poder abstracto que tiene el hombre para disponer de su persona, y con Stryck, *jus in se ipsum, a* este poder mismo en cuanto es reconocido en concreto y protegido por la ley, y en cuanto puede originar relaciones jurídicas.

14. Que el derecho sobre la persona propia es distinto del principio de la personalidad, es una advertencia importantísima que ya tenemos hecha, pero sobre la cual conviene insistir(2).

Si no fuese posible la distinción, es decir, si el *jus in se ipsum* hubiera de identificarse con la personalidad, toda nuestra, teoría vendría abajo, porque el *jus in se ipsum* no podría tomarse como un derecho por sí mismo, siendo así que nosotros sostenemos la existencia de una categoría autónoma de derechos sobre la persona propia.

Pero la distinción existe, y, por fortuna, con bastante precisión.

15. Conviene partir de los conceptos de persona y *personalidad.*

Mientras *persona* es todo individuo que es o pueda ser sujeto de derecho, *personalidad* es la capacidad de querer jurídicamente reconocida por la ley. La personalidad es una abstracción: la persona una entidad concreta a que se refiere aquella capacidad.

---

(1) Para el desarrollo de estas y otras aplicaciones del *jus in se ipsum,* me refiero a la parte especial de mi estudio, que me reservo publicar más tarde. Aquí me limito a exponerlas para evitar después repeticiones inútiles.

(2) Véanse: Unger, *Sist. del dir. civ. austr.,* I, § 60; Ihering, *Lo scopo nel diritto,* I, cap. 5.°; id., *Ann. per la dogm.,* 23, n,. 4.°; *Articoli riuniti,* III, p. 233 *y* siguientes, en Fadda y Bensa, lugar citado, páginas 601-602.

Dice Rosmini[1] que la expresión *derecho de la personalidad* es impropia, porque si el hombre tuviese este derecho, se distinguirían en él dos personas: una poseedora del derecho, y constituyente la otra del objeto del mismo derecho.

16. Paréceme más oportuno usar, en vez de la expresión *derecho de la personalidad,* la palabra *personalidad, a* fin de evitar equivocaciones y que se crea que la personalidad es un derecho especial, siendo así que su naturaleza es la de base y fuente de todos ellos. Todo derecho, en efecto, y todo deber, cualquiera que sea su naturaleza, son dimanaciones, manifestaciones de la personalidad[2].

Por lo mismo que la personalidad es la base de todos LOS derechos especiales y de cualquier categoría que sean, la personalidad es también el fundamento de los derechos sobre la persona propia. La personalidad supone la posibilidad de tener y producir derechos: *el jus in se ipsum* es una actuación de la personalidad misma[3].

17. Por esto es por lo que no se puede aceptar la tesis de Puchta[4], que entiende el derecho sobre la persona propia como derecho de la personalidad, concibiendo ésta como un derecho en que la voluntad se refiere inmediatamente a sí misma.

No es este el verdadero contenido *del jus in se ipsum.* No consiste *el jus in se ipsum,* como dice Puchta, en una facultad absoluta de la plena determinación de la persona[5]; su contenido es más limitado y concreto; se refiere solo al poder de disponer del propio cuerpo y de algunas cualidades morales[6].

---

(1) *Filosofia del diritto,* vol. I, núm, 48, pág. 224 (Intra, 1865).

(2) Véase Sohiattarella, *I presupposti del diritto scientifico,* pág. 145 (Palermno, 1885); Arndts, *Annuali critici,* VII, pág. 298; *Scritti civ.,* III, 11.

(3) Véase Fadda y Bensa, lugar citado, paga. 601-603.

(4) Véase núm, 6.

(5) Puchta, *Istit.,* § 30.

(6) También Anrdts combate la teoría de Puchta (en los dos escritos ya citados), añadiendo que puede suceder que se discuta la posición jurídica de alguno, aspecto desde el cual podría hablar de un derecho a la personalidad, derecho provisto de base jurídica por el cual se exige de otra ser reconocida y respetada como persona *(Aun erit.,* lugar citado, pág. 299).

La afirmación de Chironi[1], sobre que el derecho de la personalidad equivale al derecho sobre la persona propia, es exacta si se entiende en el sentido de que la personalidad es la base de todos los derechos; pero errónea si con ella quiere decirse que el derecho sobre la persona propia se identifica con la personalidad.

Tampoco el derecho sobre la persona propia puede aceptarse, según lo expone Neuner[2].

Menos de común hay todavía entre nuestra categoría de derechos sobre la persona propia y las categorías de «derechos personales» o «derechos de estado»; establecidas por otros autores[3], y formadas, según Winscheid[4], bajo el influjo de aquel orden del derecho romano, *jus quod pertinet ad personas,* que comprendía, en particular, los *status libertatis, civitatis, famiuliæ.*

(1) Núm. 6.
(2) Núm. 7.
(3) Núm. 8.
(4) Obra y lugar citados, not» 2.ª

II

SUMARIO: Objeciones.— Schultheis.— Binding.— La *Willenstheorie.*— Fadda y Bensa.— Refutación.— Distinción entre sujeto, y objeto.— Doctrina sobre la propiedad del cuerpo y las facultades intelectuales.— Bofutaóión.— El derecho de propiedad sobre el cuerpo propio es un derecho por sí y en sí mismo.— Savigny.— Arndts.— Necesidad de un estudio sistemático de los derechos sobre la persona propia.

18. Necesario es, antes de estudiar la naturaleza del *jus in se ipsum,* eliminar las objeciones que se hacen para admitirle. Son estas objeciones de varias clases; pero la primera es ésta: que con este concepto se hace de la persona el sujeto y el objeto del derecho.

Pregunta Schultheis(1), a propósito de la teoría de la propiedad del cuerpo, de que habré de ocuparme, cuál sería el sujeto del derecho cuando el cuerpo fuese objeto. El alma y el cuerpo, dice, forman conjuntamente un todo, y aquélla, por medio de éste, crea el sujeto del derecho; el cuerpo, por con siguiente, siendo parte constitutiva del sujeto, no puede ser objeto del derecho.

También Binding(2) dice que repugna al derecho aplicar al individuo la distinción de sujeto y objeto del derecho, en cuyo dualismo aquél podría adquirir la condición de cosa tan solo

---

(1) *Ueber die Möglichkeit, Privatrechtdsverhaltmissem am menschlichem Letcham und Teilem desselben,* cap. IV; véanse también Binding, *Handbuch des strafrechts,* I, § 32, § 148, §§ 148 149; y *Norme, I,* pág 343, en Fadda y Bensa, lugar citado, págs. 608-603.

(2) Obra y lugar citados.

para poder conseguir la afirmación de los derechos y deberes para consigo mismo. Esto le parece una degradación humana.

19. Para los partidarios de la *Willenstheorie* (defendida principalmente por Zitelmann en Alemania y acogida en Italia por Miraglia para explicar el concepto de la persona jurídica), la dificultad de distinguir el sujeto del objeto es fácilmente superable.

Es para ellos la *voluntad* el sujeto del derecho, ya que éste presupone la capacidad del querer, *in actu o* en potencia.

Con esta base podría sostenerse que en el derecho sobre la persona propia, el objeto es la persona humana y el sujeto la voluntad desprendida de ella, y por lo mismo, distinta del objeto.

Pero la doctrina de la *Willenstheorie* no es aceptable. Parte, es cierto, de un principio verdadero, cual es el de que no puede existir sujeto de derecho sin la facultad de querer; pero se equivoca al creer que esta voluntad, desprendida del hombre, es por si sola el sujeto del derecho.

La hipótesis es una mera abstracción, porque es imposible concebir un sujeto de derecho que no sea una entidad real. La voluntad por sí sola es insuficiente, e imposible desprenderla del hombre para objetivarla y prestarla vida propia. El verdadero sujeto del derecho es la persona, sea el hombre dotado de capacidad para querer, sea una entidad real(1).

20. Para vencer la dificultad, los profesores Fadda y Bensa(2) dicen que el sujeto de todo derecho es la *personalidad humana,* y no el alma, ni el cuerpo, ni el conjunto que forman. La personalidad humana supone necesariamente un cuerpo que sea su expresión material; es cierto, pero jamás puede significar que deba confundirse con el cuerpo y que sea parte suya. El cuerpo

(1) También Giorgi combate la teoría en cuestión: *La dottrina delle persone giuridiche corpi morali* (Florencia, 1889, vol. 1.°, números 20 y 21, págs. 46-50.

(2) Lugar citado, pág. 603.

es el objeto primero de la actividad de la personalidad y un medio indispensable para sus fines. La misma relación media entre la personalidad y la psiquis, el alma.

La teoría de estos dos eximios jurisconsultos italianos es realmente seductora. Preséntase a primera vista muy aceptable, sobre todo en cuanto es cierto que el elemento físico de la persona humana no puede tener derechos por ser una entidad material, mientras que, por el contrario, es evidente que el hombre tiene derechos en cuanto hay en él un elemento moral, sin el cual no podría concebirse la capacidad de querer.

Sin embargo, tampoco esta doctrina, de la manera que la interpreto, me parece fundada sobre la realidad de las cosas y desenvuelta con el rigor de los principios.

No puedo, por mi parte, comprender un sujeto de derecho disgregado del elemento físico de la persona. Para mí, como para otros muchos, el sujeto del derecho es una entidad dotada, sí, de la capacidad de querer, pero también de una entidad física, real.

Tan inadmisible como es un sujeto que consista en la *sola* voluntad del hombre, es, en orden a los derechos pertenecientes a la persona natural, un sujeto del cual no forme parte un cuerpo.

Que el cuerpo es el medió, el instrumento con el que el hombre actúa su personalidad, es muy cierto. Pero ¿es posible dividir al hombre en dos elementos —físico y moral— para atribuir solo al segundo la cualidad de sujeto de derecho?

Paréceme que no. En mi opinión, el hombre, que es, en resumen, el sujeto del derecho, es una entidad que resulta de dos elementos inseparables, el físico y el moral.

La moderna biología positiva —con la base de los datos de que la han provisto la fisiología y la anatomía— afirma precisamente que las funciones psíquicas dependen inmediatamente de la estructura de los centros nerviosos, de modo que solo en este sentido se podría hablar de *espíritu* y *alma*.

Se equivoca, por consiguiente, Schultheis, al establecer un dualismo, una separación absoluta entre el alma y el cuerpo, para decir que de su conjunto se origina el sujeto del derecho; como se equivoca, en mi opinión, todo el que quiera dividir el elemento moral del físico, para sostener que solo aquel cumple las funciones de sujeto.

Únicamente por abstracción puede decirse que solo es sujeto del derecho el elemento inmaterial de la persona, y sabido es que toda abstracción debe evitarse, porque representa imperfección en la teoría. Quien, dejándose de ellas, baje a la realidad, no podrá negar que el sujeto del derecho es todo el hombre, su entidad moral y física.

Por lo demás, la teoría que acabamos de criticar no parece demostrar que exista diferencia entre sujeto y objeto, aun cuando se trate de derechos sobre la persona propia moral, o sea cuando el objeto es el mismo elemento moral a quien se quería atribuir la cualidad de sujeto.

21. ¿Habremos, por consiguiente, de decir que en el derecho sobre la persona propia, el sujeto se confunde con el objeto?

Antes de responder a esta pregunta, es necesario destruir una objeción prejudicial de Binding y de algunos otros, a quienes repugna que la persona pueda ser objeto de derecho. Esta afirmación hecha por ellos, contradice la realidad de la vida jurídica.

La observación de los fenómenos jurídicos demuestra que el hombre puede, parcial o temporalmente, ser objeto de un derecho.

Pueden servir de ejemplos el arrendamiento de servicios en sus múltiples manifestaciones, y el matrimonio, en cuanto el uno significa un acto de disposición de las facultades propias, intelectuales o físicas, y el otro una disposición reciproca de las personas de los cónyuges. Ambos hechos prueban que, no solo las cosas de la naturaleza, sino también las facultades y aptitudes físicas y morales de los hombres, pueden servir de objeto para los derechos. Esto equivale a decir que el hombre puede ser objeto temporal y parcial de los derechos(1).

Nadie puede afirmar que la recíproca prestación, el comercio de los servicios en la vida social, sea una degradación de los hombres; por el contrario, todos convienen que es un factor importantísimo del bienestar social y la civilización, y que, como tal, es un perfeccionamiento de la actividad humana.

La degradación sería, cuando se admitiese que el hombre fuera, entera y perpetuamente, objeto de derechos, como una cosa o un animal. Así sucedía en el pasado, cuando los hombres se convertían en esclavos y eran, no sujetos de derechos, sino para siempre y por completo meros objetos. Hoy, por fortuna, todos los hombres son sujetos de derechos, y, por serlo, no pueden ser equiparados a las cosas.

Entiéndase, pues, que cuando se dice que el hombre es objeto de derecho, debe comprenderse en el sentido de que no lo será entera y perpetuamente, sino por tiempo limitado y en manifestaciones, determinadas también, de sus facultades físicas o morales.

Pondremos un ejemplo. Al decir que la persona del obrero puede ser objeto de un contrato de arrendamiento de sus trabajos, no debe creerse que aquella persona, en su integridad y a perpetuidad, pueda ser objeto del contrato. Como objeto solo puede ser una parte de su energía personal, que consiste en el aprovechamiento temporal de una de sus facultades físicas para determinados trabajos.

(1) Para el desarrollo más amplío de este punto, véanse otros.

22. He aquí cómo se puede reconocer la existencia de un derecho sobre la persona propia, sin confundir por completo en el mismo individuo las cualidades de sujeto y objeto.

Que en nuestra teoría el hombre sea a la vez sujeto y objeto de derecho, es innegable; pero no hay nada de antijurídico en ello, como hemos demostrado.

La confusión de que se nos acusa no existe. La distinción está en que el sujeto del *jus in se ipsum* es todo el hombre considerado como unidad física y moral, mientras que el objeto de cada uno de los derechos sobre la persona propia consiste en una manifestación determinada de la personalidad humana, bien sea física o moral.

En otros términos: el sujeto se confunde con el objeto en la entidad del ser (el hombre), en que uno y otro se concretan; pero se diferencian en el contenido. Como sujeto, el hombre obra con todas sus facultades, físicas y morales, indistintamente; como objeto funciona el hombre mismo, pero limitándose a una manifestación especial de su personalidad.

He llegado a esta teoría después de largas meditaciones, cuya base ha sido la observación de los hechos, y creo que, con ella, no se podrá acusar a la doctrina del *jus in se ipsum* de desnaturalizar y degradar la persona humana.

Identificación del sujeto con el objeto, es identificación de la persona con la cosa, destrucción, aniquilamiento de la persona misma. Distinguir entre una y otra es diversificarlas y reconocer el principio de que en el hombre debe dominar siempre la nota superior de sujeto del derecho.

23. Es equivocado afirmar que para admitir un derecho sobre la persona propia, fatalmente se haya de convertir al hombre en un bien, una cosa (objetos). La noción del *jus in se ipsum* implica ciertamente la facultad de disponer del cuerpo y las facultades morales propias, pero no como si ambas fue-

ran cosas; el carácter y la esencia de la persona humana no vienen a menos.

Fadda y Bensa[1] han observado con mucho tino que pueden ser objeto del derecho en general, no solo las *res* en su sentido técnico, sino también las personas, y que la opinión contraria tiene por base el falso prejuicio de que no hay otro derecho privado que el patrimonial, o al menos que los derechos sobre la persona propia, en cuanto derechos privados, han de tener el carácter de derechos patrimoniales.

Es indudable que la acción que nace de la violación de los derechos sobre la persona propia, al exigir una reparación del daño, reviste carácter patrimonial, pero por sí mismo, *el jus in se ipsum,* no es un derecho patrimonial; es, por el contrario, un derecho eminentemente personal, porque su única razón y base es la persona humana en quien se manifiesta,

24. Sería superfluo ocuparse de la objeción que dice que el hombre tendría entonces derechos y deberes frente a sí mismo. Puede responder a ella la observación, que ya tenemos hecha, de que el derecho sobre la persona propia es tal, no en relación a ella misma, sino frente a las restantes.

25. Otra de las razones por las cuales la teoría de los derechos sobre la persona propia ha encontrado tenaz oposición, la ha motivado el haber pretendido algunos que existe en el hombre un verdadero derecho de propiedad sobre su cuerpo y facultades intelectuales.

Por ella, principalmente, ha criticado Savigny[2] la existencia de un derecho cuyo objeto sea la persona propia.

26. La idea de una propiedad sobre el cuerpo no se ha entendido unánimemente por quienes la han expuesto.

---

(1) Lugar citado, pág. 603.

(2) *Sistema del dir. rom. attuale,* vol. 1, § 53, págs. 339-389; trad. ital. de V. Scialoja. (Turín, 1886).

Wangerow[1] habla de propiedad sobre nuestro cuerpo enrelación con la libertad. Dice que todo hombre es, en cuanto a la parte física, objeto del derecho de propiedad, porque se encuentra en propiedad de otro o en la de sí mismo. En el primer caso, es un esclavo, una cosa, no persona. El hombre, para ser considerado como sujeto de derecho, debe ser libre, hallarse en propiedad de sí mismo. El hombre hace valer su derecho de propiedad sobre sí, por medio de una *vindicatio.*

27. Entiendo que, por varias razones, no es aceptable este concepto de la propiedad sobre el cuerpo.

La propiedad supone una *res* con todo su sentido técnico, y nuestro cuerpo no puede asimilarse a ellas. En vano se contesta que el cuerpo, como entidad material, debe igualarse con las demás cosas materiales; y digo que es en vano, porque el cuerpo tiene un algo que le diferencia profundamente de la *res.* Esta diferencia consiste en que el cuerpo forma parte del sujeto del derecho, mientras que ninguna *res* es capaz de otro tanto.

¿Se dirá acaso que también las cosas, en cuanto son objeto de propiedad, son complemento de nuestra personalidad, nuevos órganos que se agregan a ella?

Aparte de que esta reflexión la tengo por simple abstracción, que no responde a los principios que rigen la institución de la propiedad, principios por los cuales la *res* debe considerarse como absolutamente distinta y separada de nuestra personalidad; dejando a un lado esto, podemos contestar que una cosa es decir que *la res* pueda considerarse como complemento de nuestra personalidad, y otra, muy distinta, decir que el cuerpo sea efectiva y necesariamente parte constituyente del sujeto del derecho.

No quiero afirmar, como Demburg, que el cuerpo no puede ser objeto de propiedad, porque es parte del sujeto. Si lo

[1] *Sui Latini Juniani,* págs. 67 y siga. (Madburgo, 1833), y *Pandette,* § 24, en Fadda y Bensa, lugar citado, pág. 606.

dijera, contradeciría todo lo que precedentemente he sostenido: que el cuerpo puede ser objeto de un *jus in se ipsum* aun siendo parte del sujeto de aquel derecho.

Sostengo, por el contrario, que, por lo mismo que el cuerpo es parte del sujeto del derecho, no se le puede comparar con una *res* en sentido técnico, y que, por tanto, no puede ser objeto de propiedad.

28. Se dirá acaso que si la doctrina tradicional ha sostenido que solo la *res,* en sentido teórico, es apta para ser objeto del derecho, esto depende de que por largo tiempo los jurisconsultos no han tenido idea del *jus in se ipsum,* y por consiguiente, del de la propiedad del cuerpo, y que se trata, en fin, ahora, de disipar esta arbitraria limitación impuesta por hábitos mentales, extendiendo el concepto de la *res a* todo objeto susceptible de propiedad.

Pero a esta observación se puede contestar que el límite de que se trata nada tiene de arbitrarlo. Hay, además, otra poderosa razón para conservarle, que consiste en que si la persona pudiera igualarse a las cosas, se destruiría la existencia de la persona humana.

Un hombre equiparado a una cosa o a un animal, dejaría de ser sujeto de derecho; no sería persona. Admitir que el cuerpo pueda ser objeto de propiedad, significa, al fin y al cabo, convertirlo en cosa o animal, ya que solo las cosas y los animales son objetos de propiedad. El cuerpo, como tengo dicho, es un elemento integrante de nuestra persona; por consiguiente, no se le puede equiparar a las *res* y a los animales sin hacer cosa y animal también a la persona misma.

Alguien dirá que esta equiparación es solo parcial, referida únicamente al objeto de la propiedad.

Contestaré que el hombre puede ser objeto parcial de un derecho, pero con una condición: que la naturaleza del derecho de que se trate no repugne a la cualidad superior de sujeto de que está revestido. Ahora bien: la propiedad del cuerpo no cumple esta condición al suponer una igualación entre la persona y la cosa.

Además, al hablar de propiedad sobre el cuerpo, es indudable que esta propiedad ha de referirse al dueño del mismo cuerpo o a otras personas.

En el primer caso se afirma un principio antijurídico, porque no existen derechos del hombre para consigo mismo.

En el segundo se indica una idea vacía de significado en el derecho positivo, porque las leyes no reconocen más libre disposición del cuerpo propio que la necesaria para que exista el derecho de propiedad. Por esto prohíbe la ley el arrendamiento perpetuo de trabajos y servicios.

29. Inútil es presentar casos en LOS cuales falta al propietario la facultad de disponer. Los profesores Fadda y Bensa[1], que han combatido también la teoría de la propiedad sobre el cuerpo, observan con mucho juicio que todos ellos son casos en que, manteniéndose firme el concepto de propiedad, el dueño puede disponer, por especiales y subjetivos motivos, mientras que en los que vamos discutiendo falta absolutamente la libertad de disponer.

Por lo demás, dentro del derecho moderno, es insostenible que el hombre, que es sujeto de derecho, pueda tener la propiedad de sí mismo. Hoy todos los hombres son libres sin más requisito que el de la capacidad jurídica, que no supone de ningún modo la propiedad de sí mismos.

El mismo derecho romano no toleraba la propiedad sobre *el* cuerpo. La L. 13, D. *ad. leg. Aquil.*, IX, 2, es bastante explícita: *Liber homo suo nominen utilem Aquilae habet actionem; directam enim non habet; quoniam dominus membrorum suorum nemo videtur.*

---

[1] Lugar citado, pág. 609.

El propio Wangerow[1] se ha visto obligado a reconocer, contradiciéndose con ello, la diferencia entre la *res* y el cuerpo humano, al decir que la ley concede la *actio utilis* y no la *directa*, porque ésta pertenece solo a los propietarios de cosas en el sentido usual, en el cual no cabe la propiedad sobre el cuerpo.

Respecto a la *vindicatio libertatis,* Fadda y Bensa dicen muy bien, que no se dirigía a hacer valer el derecho sobre el cuerpo propio, sino a afirmar la libre personalidad. Sería ocioso acudir, para desvirtuar este argumento, a la distinción de las personas en *sui* y *alieni juris,* porque si es cierto que *sui juris* significa *suoe potestatis,* no lo es que *potestas* signifique *propietas*[2].

30. Todavía más absurdo es el concepto de una propiedad sobre las facultades intelectuales.

Dice Savigny[3], que esta teoría debe rechazarse, porque no es posible concebir que un hombre pueda impedir a otro que piense, y viceversa, poder pensar en él y producirse en éste o en otro sentido una perturbación del pretendido derecho de propiedad.

Pero no *es* esta la razón decisiva.

Las facultades intelectuales no pueden ser objeto de propiedad, porque bajo ningún aspecto puede igualárselas a las *res*, y porque, además, se destruiría la esencia de la personalidad humana si se la convirtiese en objeto de derechos. Se pueden tener ciertos derechos sobre las facultades intelectuales, pero jamás el de propiedad.

31. En otros autores, la idea de la propiedad está menos acentuada, pero subsisten en sus teorías los mismos errores que vemos en la de Wangerow.

---

(1) *Latini Juniani,* pág. 69.
(2) Lugar citado, pág. 608.
(3) Obra citada, § 63, págs. 338-339.

Hölder[1] dice que la cosa sobre que ejercemos el derecho de propiedad no es extraña a nosotros, sino que se agrega a la persona como elemento de sus manifestaciones exteriores[2]. El dominio de la voluntad sobre los miembros de nuestro cuerpo se funda, según él, en que el cuerpo se encuentra, respecto a nuestra existencia subjetiva, no como un objeto extraño, sino como materialización y subjetivación de aquella existencia; de manera que la relación de la persona con la cosa, propia no es igual, pero sí análoga a la de la persona con el cuerpo propio.

32. En mi entender, la idea que la *res,* objeto de propiedad, deba reputarse ligada y conjunta a nuestra persona, casi como un apéndice de ella, es, lo tengo dicho, otra abstracción, ingeniosa, pero inadmisible. No es, pues, necesario detenerse mucho para refutar esta teoría.

Baste notar, que el principio de que parte Hölder, es decir, la analogía que encuentra entre el dominio sobre las cosas y la propiedad sobre el cuerpo, no subsiste siempre, porque mientras el dominio sobre las cosas tiene carácter patrimonial, el derecho sobre el cuerpo es de naturaleza eminente, exclusivamente personal, como nacido del *jus in se ipsum,* cuya nota característica es ésta.

33. Veamos otra teoría.

Habla Romagnosi[3] de una *propiedad personal* que considera como derecho originario del hombre y el ciudadano. Para for-

---

(1) *Beiträge zur Geschichte des röm. Erbrechts,* págs. 4 y siguientes, en Fadda y Bensa, pág. 806.

(2) La doctrina hegeliana, que concibe el derecho abstracto como el «subsistir del libre querer», llega a la consecuencia de que este libre querer es la fuente de todos los derechos, que no son más que diversas posiciones y manifestaciones suyas. Así, pues, todos los derechos, y el de propiedad entre ellos, son, bajo este aspecto, personales, puesto que todos son determinaciones de la personalidad. De aquí deduce la falsedad de la distinción romana entre derecho da las personas, sobre LAS cosas y las acciones. Véase D'Ercols: *La filosofia del dir. del prof. C. L. Michelet e la pena di morte nella dottrina hegeliana (Archivio Giuridico,* vol. V, págs. 262-282).

(3) *Della protezione civile per l' incolumità e libertà della propieta personale dei privati* (obras ordenadas por A. de Giorgi, Milán, 1846), vol. 3.°, parte 2.ª, *Scritti sul diritto filosofico.* §§ 2668 y sigs., págs. 1631 y sigs.

marse idea de esta concepción, es necesario ilustrarla con las palabras de su profundo autor.

La propiedad personal, dice Romagnosi[1], interviene necesariamente en todos los órdenes de propiedad particular. Debiendo y queriendo el hombre desarrollar su actividad, debe ser dueño y señor de sus facultades personales, interiores y exteriores. Todo derecho es el ejercicio de una fuerza que reputa utilidades lícitas. Esta afirmación supone que la propiedad personal debe existir como condición sin la cual no se podría de decir que nadie, por ejemplo, tiene el dominio propio de los bienes, de la conciencia, del honor, de los conocimientos útiles, de la familia y el estado civil.

Las ofensas privadas a la propiedad personal, prosigue nuestro autor[2], se dividen en tres clases:

1.ª a la vida y a la integridad del cuerpo.

2.ª a la salud.

3.ª a la libertad.

Romagnosi[3] deriva la *propiedad personal* de la idea de la *independencia de la razón,* que da vida a tres conceptos:

La *señoría (padronanza),* que es un «imperio propio e independiente»;

El *dominio,* que es la facultad, propia e independiente, de usar y obrar sobre las cosas y las personas según el propio beneplácito»; y

La propiedad (real o personal), que consiste en un «dominio independiente y exclusivo atribuido a alguno» y a la cual podría llamarse «continuación de un derecho».

34. Se puede observar que no es muy claro este concepto de la *propiedad personal,* y que no se acierta a distinguir si

(1) § 2668, pág. 1631.
(2) Obra citada, § 2732, pág. 1654.
(3) § 1612, pág. 1207.

Romagnosi quiere hacer con él un todo en que entra la propiedad según comúnmente se entiende, o si se refiere a la disposición de la persona propia, como parece dar a entender el hecho de derivar la idea de la propiedad personal de la idea de *independencia.*

La primera explicación sería, por todo lo que llevamos dicho, equivocada; la segunda tendría el defecto de designar la libre disposición de la persona con una expresión harto impropia.

Por lo demás, aun entendiéndola en el segundo significado, no se podría aceptar la doctrina de Romagnosi, por poner la propiedad personal como fundamento de toda otra propiedad y dominio sobre las cosas, cuando, según nuestra teoría, no es el derecho sobre la persona propia la base de la propiedad, sino la personalidad la explicación de todos los derechos.

35. Ihering[1] explica la naturaleza del derecho sobre el cuerpo propio con el principio de la *posesión.* Dice que las nociones de *posesión jurídica* y propiedad son distintas. Una cosa puede estar bajo nuestra *posesión,* sin ser de nuestra propiedad, es decir, sin estar sujeta a los principios que rigen la adquisición, pérdida, protección, etc., de la propiedad. Nuestro cabello nos *pertenece,* y solo algunas especies de cabellos son objeto de *propiedad.*

No trato de discutir este concepto de la *posesión;* las razones que en contra han expuesto Fadda y Bensa me parecen convincentes[2], y no sabría hallar otras más decisivas.

Escriben estos autores que, abrazando aquel concepto derechos desemejantes, como son el dominio en sentido técnico, el dominio eminente o mayestático sobre las cosas públicas, el derecho sobre el cuerpo propio, etc., no puede utili-

[1] *Tutela del posseseo,* trad. Forlani, pág. 115.

[2] Lugar citado, pág. 609. V. en contra: Chironi, *Questioni di dir. civ.,* página 29 (Tarín, 1890).

zarse en gran parte para la construcción dogmática de un sistema. Además, se expone a equivocaciones, porque *posesión* es una idea general que solo se manifiesta en forma de propiedad. Si todos los derechos que hemos mencionado se fundasen en un concepto tan amplio, se podría pensar que entre todos ellos habría grandes semejanzas, y sabido es que no es así.

36. ¿Cuál es, pues, la verdadera naturaleza del derecho sobre el cuerpo propio?

En los jurisconsultos modernos se observan dos tendencias. La una, encontrándose ante un derecho de naturaleza dudosa, recurre al cómodo expediente de colocarle en una de las categorías aceptadas ya por la doctrina con la advertencia de que se trata de un derecho *sui generis.* La otra, encuentra mejor el sistema de ponerle también en uno de los órdenes existentes, pero sin apelar a la nota de *sui generis.*

No siempre, sin embargo, ni el uno ni el otro sistema aciertan con el verdadero carácter de este derecho. Preocupados de hallar la categoría en que debe quedar colocado, las más de las veces olvidan los jurisconsultos la esencia, el contenido y la característica que les son propios, y entonces sucede que se contradicen los principios cardinales de la categoría en que tan arbitrariamente, como en un lecho de Procusto, ha sido colocado; categoría a la cual no se adapta, como no se nos adaptaría un vestido hecho para otro.

37. Esta advertencia es necesaria para responder a la pregunta que hemos escrito. Cuando ninguna de las categorías que hoy se reconocen, se presta a recoger este nuevo orden de derechos, se debe investigar si forma un orden autónomo por sí mismo.

El derecho sobre el cuerpo propio es, efectivamente, un derecho por sí mismo. No es propiedad, ni pertenencia, ni posesión, ni derecho patrimonial. Es, en primer lugar, un derecho personal; su contenido se refiere a la libre disposición del cuerpo propio en los límites establecidos por la ley y con exclusión de toda otra persona[1].

38. Esta capacidad de disponer no es un concepto vago. Del cuerpo se puede disponer de muchos modos, y es imposible, al tratar de dar un concepto general, comprenderlos todos en una definición. Para esto es menester estudiar las aplicaciones de tal capacidad y poder; entonces se vería que el contenido del derecho sobre el cuerpo propio es, en sus varias manifestaciones, preciso y bien limitado siempre.

Así se hará en la parte especial. Por ahora queda destruida una de las principales objeciones hechas a nuestra teoría, la cual, antes de admitir, rechaza todo derecho de propiedad sobre el cuerpo.

39. Pero hay también objeciones de otra naturaleza. Savigny[2] no cree que el derecho sobre la persona propia es un verdadero derecho.

Observa que el hombre tiene, sí, el derecho de disponer de sí y sus fuerzas, y que esta facultad es la base y el punto de origen de todos los demás derechos verdaderos y propios, en cuanto la propiedad y las obligaciones, por ejemplo, tienen para nosotros valor y significado solo como extensión artificial de nuestras fuerzas, como nuevos órganos que se agregan artificialmente a nuestra naturaleza. Pero añade después que «no es necesario que el derecho positivo reconozca y regule aquella potestad sobre nosotros mismos. El error de la teoría está en creer que el dicho poder natural debe ser puesto en la misma línea con toda su artificial extensión y tratarse de igual manera»[3].

---

[1] Esta es también la noción de los profesores Fadda y Bensa: lugar citado.

[2] *Sistema del dir. rom. attuale,* vol. 1, § 63, págs. 338-339, trad. ital. de V. Scialoja (Turín, 1886).

[3] Savigny dice también que no pueda admitirse derecho de propiedad en el hombre sobre su persona física y facultades intelectuales. V. núm. 30.

También Windscheid[1], a pesar de creer en la existencia de un derecho sobre la persona propia[2], cree que no es necesario hacer de ellas un estudio especial para un sistema de derecho privado, porque esta clase de derechos, agrega, no son discutibles ni violables.

Arndts[3] sigue igual criterio, añadiendo que ¿por qué entonces no habían de estudiarse los derechos de acostarse, trabajar, ir a paseo y otros por el estilo?

40. Creemos nosotros que estos autores no han llegado a darse exacta cuenta de la importancia y desarrollo de que es susceptible la teoría de los derechos sobre la persona propia en el sistema del derecho privado.

En primer lugar, no es cierto que la existencia de tales derechos no sea discutible. Ya hemos visto que hay quien niega absolutamente la existencia de un verdadero *jus in se ipsum* en general[4]. ¿Cómo puede, por consiguiente, llamarse inútil una investigación dirigida a demostrar la existencia autónoma y aplicaciones de tales derechos, siendo así que, aun los que niegan esta utilidad, afirman que ellas son base de los demás derechos?

Se comprendería la inutilidad de este estudio, cuando solo tuviera por objeto el poder del hombre sobre sí mismo, considerado como simple facultad sin consecuencias jurídicas. Pero no es lícito calificar con aquella nota una investigación sobre el tal poder, no ya como mera facultad, sino cual propio y verdadero derecho, que da ocasión a relaciones jurídicas.

Ciertamente, sería ocioso ocuparse a título de curiosidad del derecho de comer o del de ayunar, de beber vino o de abstenerse de él, de velar o dormir, de pasear o estarse quieto; pero es útil, y aun diré más, necesario, estudiar en el campo filosófi-

(1) Obra citada, § 39.
(2) Núm. 9.
(3) *Annali critici, VII,* pág: 229, en Serafini Arndts, obra citada, § 24, nota 4, pág. 106.
(4) Número 39.

co y penal el derecho a la vida y a la integridad corporal, el derecho al honor, el derecho de morir, etc.

Igualmente útil y necesaria es, en el sistema del derecho privado, una teoría que, demostrando la existencia autónoma y naturaleza del *jus in se ipsum,* estudie sus más importantes aplicaciones e indague, por ejemplo, si tenemos un verdadero derecho de propiedad sobre nuestro cuerpo y facultades mentales; si es admisible el derecho de disponer del cadáver propio, la libertad matrimonial, la de disponer de la persona en servicio de otra sin distinción de edades, tiempos y trabajos, y otras por el estilo. Algunas de estas cuestiones, que son de verdadero derecho privado, tienen un alto interés práctico y social, como se verá en la parte especial de este trabajo; y las soluciones de todas ellas se contienen en las reglas fundamentales de la teoría de los derechos sobre la persona propia. Afirmar, por consiguiente, que el jurista debe excluir del derecho privado esta categoría, equivale a renunciar a la construcción de principios generales tan fecundos en aplicaciones prácticas.

41. Tan equivocada como ésta, es la afirmación de que esta clase de derechos no son violables. *El jus in se ipsum,* que consiste en el poder de disponer de la persona propia, supone la prohibición a las otras de mermar la serie de facultades que comprende. Toda violencia, obstáculo y limitación, puestos al libre ejercicio del *jus in se ipsum,* es una verdadera violación. El trabajador y el viajero, por ejemplo, tienen derecho a la integridad de sus personas; pero este derecho puede ser violado por culpa del patrono o de la empresa ferroviaria, como frecuentemente sucede con los accidentes del trabajo y desastres en los caminos de hierro. En materia penal tenemos, por ejemplo, el homicidio, violación del derecho a la vida; las lesiones, violación del derecho de integridad corporal; la calumnia y la injuria, violaciones del derecho de integridad moral.

42. Menos justificada es todavía la objeción de que los derechos de que nos ocupamos no son, por su extensión indefinida, discutibles ni violables. Precisamente la determinación de

los límites en que se encuentra comprendido el *jus in se ipsum, es* la mayor dificultad, sin duda, pero también la parte más importante de nuestro estudio, puesto que es preciso armonizar los derechos del individuo con los derechos de los restantes individuos y con los intereses de la colectividad. De este aspecto importante de la cuestión nos ocuparemos con amplitud en su lugar; por ahora, basta decir que tampoco es fundada esta objeción.

43. Mas no se acaban aquí las objeciones.

Savigny prosigue su razonamiento[1]. El origen de la defensa contra las agresiones de que puede ser objeto, por parte de otros, este poder natural del hombre sobre sí mismo, es otra cuestión por estudiar, interesante aquí como en muchas otras instituciones jurídicas. Forma esta materia el derecho penal, y aun el civil. Hay algunas que tienen por objeto la protección de aquella facultad. La última razón de esta clase de derechos, *es* indudablemente la inviolabilidad de la persona; sin embargo, no es posible considerarlas solo como simples consecuencias de este principio, por cuanto forman también instituciones de derecho positivo cuyo particular contenido es completamente distinto del de la inviolabilidad. Cuando se quiere considerarlos tan solo como derechos sobre la persona propia, no se hace otra cosa que alterar su verdadera naturaleza. No es posible decir, en fin, que reunir estas instituciones por el solo hecho de tener un punto de partida común, tenga utilidad práctica o didáctica; basta conocer su afinidad general.

44. Fácil es contestar que si es cierto que muchas instituciones jurídicas tienen su fundamento en el derecho sobre la persona propia, bastante es esto para demostrar la utilidad teórica de su especial estudio. Nada importa que estos derechos no sean solo consecuencias del principio de inviolabilidad personal, sino si por su contenido dependen o no de él. El hecho

[1] Obra citada § 153, pág. 339.

de que no es posible encontrar la razón última de ciertos derechos sin recurrir a los conceptos fundamentales de nuestra teoría, basta para justificarla. El estudio de cada una de aquellas instituciones quedaría incompleto y en el aire si no se emprendiera el de su fundamento, conociendo el cual puede penetrarse en el espíritu de las normas legislativas, y el cual puede servir como de hilo conductor en los laberintos de la práctica. Nuestra teoría se dirige a este objeto, puesto que, no solo explica la última razón de muchas instituciones, sino que contribuye a la solución de graves problemas y casos prácticos. En esta parte general de nuestro estudio, no es conveniente descender a las aplicaciones de la teoría que intentamos construir. Por ahora, debemos decir tan solo —reservando la demostración para la parte especial—, que si algunos hechos, como son, por ejemplo, el arrendamiento de servicios, el matrimonio, el contrato de transportes personales, el homicidio-suicidio, el duelo, han sido hasta ahora estudiados solo en un aspecto unilateral, y si, por consecuencia de ello, ha habido vacilaciones y dudas en su solución, todo depende de haber olvidado los juristas, o de no haber conocido, la teoría de los derechos sobre la persona propia.

III

Sumario.— Naturaleza del *jus in re ipsum.*— La doctrina antigua de los derechos innatos y adquiridos.— Refutación.— Fundamento común de ambos.— La personalidad jurídica.— La teoría de los derechos inalienables y enajenables.— Límites del *jus in se ipsum.*— Intereses sociales.— Derecho social.— Derechos privados.

45. Tenemos ya determinado el contenido del *jus in se ipsum,* y eliminadas las principales objeciones que se hacen antes de admitirle(1).

Debemos ahora estudiar la naturaleza de este derecho, para saber si se le debe agregar a los derechos llamados innatos o a los adquiridos.

46. Esta cuestión tiene para nosotros importancia capital, porque se resuelve con ella si el *jus in se ipsum* puede ser alguna vez suprimido o limitado, y si el individuo puede renunciarle.

Según la tradicional distinción de los filósofos, es *innato* y *esencial* aquel derecho que, emanando inmediatamente de la naturaleza física *y* biológica, es necesario, inmutable, inalienable, irrenunciable; mientras que mudable, potestativo y abdicable es el derecho *adquirido*(2).

---

(1) De la objeción que se refiere al derecho al suicidio, como consecuencia del derecho sobre la persona propia, me ocuparé en la parte especial, donde será más oportuna.

(2) Puede verse una brillante exposición de esta teoría en la obra de Cavagnari *Corso moderno di filosofia del diritto* (Padua), págs. 164 siguientes. Véanse, además; Miraglia, *Sommari di filosofia del diritto* (Nápoles, 1880), páginas 38 y siguientes; Ahrens, *Corso di diritto naturale* (trad. Trinchera, Nápoles, 1841), págs. 92 y 94; Lioy, *Della filosofia del diritto,* vol. II, 3.ª ed. (Fiorencia, 1888), págs. 4-6; Taparelli, *Saggio teoretico di diritto naturale* (Roma, 1855 vol. I, núm. 349, pág. 225).

Afirma, además, esta teoría que todos los derechos innatos se resumen en el derecho a la vida, que comprende el derecho a la integridad personal, a la legítima defensa, a la vida moral, a la libertad, a la igualdad en la ley, a la sociabilidad, a la asistencia y al trabajo[1].

El derecho sobre la persona propia, que comprende precisamente el derecho a la vida física y moral, ¿será entonces un derecho innato?

47. Entiendo que la distinción de los derechos en innatos y adquiridos, por antigua y universalmente aceptada que sea, no es fundada.

Esta afirmación, tan decidida y categórica, al oponerse a las ideas seguidas por la mayoría de LOS jurisconsultos, encontrará muchas objeciones. Pero las razones que me deciden a sostenerla, me parecen fuertes; además, es menester no olvidar que muchos de aquellos han aceptado la antigua distinción, más que por convicción, inconscientemente y por la costumbre de tener por cierto lo que así reputa la mayoría.

No es posible negar, sin embargo, que esta distinción tradicional ha tenido el gran mérito de oponerse a la teoría del antiguo derecho, según la cual, la personalidad humana era una creación de la ley positiva y los derechos emanaciones, concesiones del legislador; pero como teoría científica es imperfecta.

48. A los que admiten una distinción precisa y exacta entre los derechos innatos de número limitado y los adquiridos, cuyo número es cada día mayor, se les debe hacer observar:

1.° Que todas las personas de remotos tiempos carecían de algunos de los derechos *innatos* que se enuncian.

2.° Que no se puede afirmar que el número de los derechos innatos es invariable y que los adquiridos no puedan convertirse en innatos en lo porvenir[2].

---

(1) Muraglia, obra citada, págs. 41-48.

(2) Esta misma observación ha hecho Ratto, *Sociologia e filosofia del diritto* (Turín, 1894), pág. 137.

A todos los partidarios de esta bifurcación que criticamos se puede preguntar también cuál es el criterio seguro para distinguir los derechos innatos y los derechos adquiridos.

Se nos dice que los primeros se fundan inmediatamente en la naturaleza abstracta y común de los hombres, y los segundos en la concreta e individual de cada uno, en la voluntad humana; que los primeros, en fin, son las fuerzas elementales que los segundos desarrollan.

Se admite, pues, que los derechos adquiridos no son otra cosa que el producto de la actividad humana, la exteriorización de los derechos naturales. Pero ¿cómo determinar, si así es, el punto en que acaba la naturaleza y empieza la actividad humana?

49. Se contestará acaso que los derechos adquiridos no pueden reputarse como una categoría derivada de la de los innatos, conforme quería la escuela del derecho natural, y aun añadir que LOS derechos adquiridos, no solo tienen un origen propio, sino más elevado aun que los innatos, porque la voluntad y el entendimiento son seguramente superiores a los sentidos y a la naturaleza en que descansan aquellos otros que no suponen el ejercicio de tan altas facultades, como los adquiridos intervienen, en los cuales el hombre obra como ser voluntario y racional[1].

Esta argumentación no resuelve el problema. ¿Cómo se llega y encuentra el pretendido origen distinto de LOS derechos adquiridos? Si el criterio para determinarle es el de acto voluntario del hombre contrapuesto a su naturaleza física, ¿dónde acaba la naturaleza y comienza la actividad humana? Como se ve, nos hallamos en el mismo punto.

50. Contra la antigua teoría de que nos ocupamos se han alzado ya voces muy autorizadas.

---

[1] Cavagnari, obra citada, págs. 164-155.

Carle[1], combatiendo valientemente la distinción, dice que los derechos innatos, como los adquiridos, se deben referir todos a la *humana actividad jurídica,* en la cual hace consistir la potestad del hombre que se llama derecho. La diferencia queda reducida, según él, a que los derechos innatos son la *actividad jurídica in potentia,* y los adquiridos, la misma actividad *in actu.* Así, pues, no es posible dividirlos ni distinguirlos; porque la *actividad potencial* del hombre tiende a convertirse en acto, y a su vez toda acción humana en tanto puede originar un derecho particular y adquirido en cuanto parte de la actividad jurídica humana obrando en conformidad con la ley.

51. Después de Carle, atacó Ferri la distinción[2]. Observa Ferri, que si se atiende al momento causal y de origen, es cierto que hay derechos cuyas manifestaciones empiezan con la vida misma del hombre, mientras las de otros dependen de un hecho posterior, individual o social; pero esto no impide que también por su parte los llamados derechos adquiridos tengan su raíz y génesis en la naturaleza misma del hombre, siendo, por consiguiente, innatos también en este aspecto. Por otra parte, añade, los derechos llamados innatos no tienen vida más que cuando la sociedad los reconoce. Se puede decir que el derecho de libertad personal era innato en los hombree, aun cuando una sociedad determinada hubiese establecido la esclavitud de hecho y de derecho; sin embargo, este derecho, innato como otros más, no fue derecho hasta que, habiendo llegado el individuo a una determinada fase de su evolución, tuvo fuerzas suficientes para hacerle valer, y la sociedad se vio obligada a reconocerle y sancionarle. Resulta, en fin, que todos los derechos son innatos en cierto sentido y adquiridos en otro; la distinción, pues, es meramente relativa y provisional, y aplicable tan solo a ciertas modalidades jurídicas.

---

(1) *Prospetto d'un insegnamento della filosofia del diritto,* parte general, números 306 y 307 (Turín, 1874).

(2) *Il Omicidio-Suicidio,* págs. 16-17.

52. Pues, ¿cuál es entonces el fundamento común de los derechos innatos y adquiridos?

Según Carle, la *actividad jurídica humana.*

Pero yo entiendo que, tanto los derechos innatos como los adquiridos, deben referirse al gran principio de la personalidad jurídica, que, sin constituir un derecho especial, es el origen inmediato de todos los derechos y deberes.

La personalidad, concebida como capacidad jurídica de querer, reconocida por la ley, es el fundamento de todos los derechos que surgen de las relaciones humanas.

Ocioso es hablar de derechos derivados de la naturaleza humana o fundados en ella en contraposición de derechos que nacen de un acto del hombre.

Ni la naturaleza humana ni el mero hecho de un hombre, son elementos capaces por sí solos de engendrar derechos. No puede existir uno de estos sin una entidad dotada de la facultad de querer, y sin que la ley reconozca esta capacidad.

Es, pues, imposible un derecho que no se funde en la ley que le reconoce.

53. Por lo demás, la teoría de los derechos innatos es una consecuencia de la antigua y desacreditada doctrina que consideraba al derecho como algo absoluto e inmutable.

Admitieron los filósofos la posibilidad de un conjunto de leyes absolutas, es decir, verdaderas en cualquier tiempo y lugar, y, abstrayéndose de la realidad del mundo real, hicieron, con ellas el *Derecho Natural*(1).

Esta teoría cede ante la fuerza contraria de las nuevas ideas, en que el derecho se aplica como un producto natural, relativo y mudable en el tiempo y en el espacio, de igual modo que todos los fenómenos intelectuales y morales de la vida social.

(1) Véase Vaccaro: *I presupposti di dir. penale classico (Archivio Giuridico,* vol. 46, págs. 97-98), y Staal, a quien aquel cita en la nota primera de la página 98.

Miraglia mismo, que cree en la existencia de los derechos innatos, se ve obligado por la historia a reparar que no siempre estos derechos se tuvieron por atributos de la persona; antes bien, durante muchos siglos todos han sido derechos adquiridos; sabido es que hubo un tiempo en que no todos los hombres nacían personas, y en que los que lo eran, la perdían y recobraban como cualquier otro objeto jurídico(1).

¿No es la más grave sentencia en contra de la teoría de los derechos innatos y adquiridos, esta confesión, según la cual, la base de todos los derechos, cualquiera que sea su naturaleza, no puede ser otra que la personalidad jurídica en que se presupone el reconocimiento del derecho hecho por la ley?

54. Sentado que no existen diferencias sustanciales entre los derechos innatos y los adquiridos, ¿cómo diríamos que el que se tiene sobre la persona propia es innato? Pero ¿podrá llamársele ilegislable e inalienable?

También esta segunda distinción, por la cual los derechos innatos se llaman inalienables y enajenables los adquiridos, carece de base y razón jurídica.

Algunos buscan en la moral el criterio para esta división, y dicen que son inalienables los derechos que constituyen deberes, y enajenables aquellos que no tienen este carácter para la persona a quien se refieren. Veamos si esta distinción y razones son más ciertas.

55. Carle(2) ha observado respecto a este punto que sería más exacto distinguir el derecho en sí mismo, como la propia *actividad jurídica humana,* de cada una de las manifestaciones con que esta actividad puede presentarse. El derecho, en sí, escribe, es la misma, personalidad humana considerada bajo el aspecto jurídico, y, como ésta, inalienable e imprescriptible; patrimonio al cual nadie ni nunca puede renunciar. Los términos

(1) Miraglia, obra citada.
(2) Obra citada, núm. 316, págs. 175-176.

de cesión, transmisión, sucesión, etc., de los derechos de una persona no pueden aplicarse al derecho considerado en sí mismo como actividad jurídica humana, sino tan solo a sus manifestaciones particulares y concretas. Lo enajenable no es el derecho de por sí, sino las manifestaciones particulares de la actividad y las especiales relaciones jurídicas que de la misma se derivan.

56. Es indiscutible que en el derecho positivo hay derechos enajenables. Antiguamente la libertad era de estos; desde Rousseau, sin embargo, se la tiene por inalienable; hoy nadie lo duda, y se tiende a rodearla de garantías cada vez más eficaces. Pero, ¿por qué así? ¿Acaso porque la libertad es un deber? No; la razón no depende de la moral, sino del derecho.

Siguiendo, aunque parcialmente, en el punto de vista de Carle, añadiré que, mientras es intangible e inalienable la personalidad jurídica, porque su enajenación supondría la renuncia a todo derecho especial, son tangibles y enajenables cada una de las manifestaciones de aquella, los derechos especiales, en una palabra, dentro de los límites establecidos en consideración a los derechos de otro y a los derechos de la sociedad. Así, pues, de un lado el individuo no puede enajenar un derecho cuando la enajenación pueda ofender derechos ajenos, privados o sociales, y de otro la sociedad debe respetar todos los derechos mientras no contradigan los suyos(1).

El derecho de propiedad es de los intangibles; pero su inviolabilidad cesa ante un derecho social superior, el de expropiar por causa de utilidad pública, v. gr.

Libre es el hombre de limitar su libertad propia, entiéndase por tiempo determinado; pero por razones de orden públi-

(1) Al considerar Ferri, obra citada, pág. 17, la inviolabilidad desde el punto de vista de la sociedad, expresa, aunque en otra forma, este concepto, cuando dice que el derecho es inviolable e inalienable hasta donde lo exige la existencia de la sociedad, y que deja de ser ambas aquellas cosas desde el momento en que produce cualquier colisión con aquella necesidad, que es la *suprema lex*.

co, las leyes declaran ineficaces el arrendamiento perpetuo de trabajos, obras y servicios.

57. Estas consideraciones se dirigen a determinar la naturaleza y límites de la *potestas in se ipsum,* la eficacia del consentimiento cuando recae sobre la disposición de la persona propia y los efectos de este consentimiento sobre un tercero.

Ya hemos dicho que en Amescúa[1] se encuentra un bosquejo delgas *in se ipsum,* pero ninguna de estas cuestiones tiene en él el amplio desarrollo que exigen.

58. Después de todo lo que llevamos escrito, puede formularse este principio general: *el hombre puede disponer libremente de su persona propia con exclusión de toda intervención, dentro de los límites impuestos por otros derechos sociales y privados.*

Algunos creen que estos límites, más que en los *derechos de la sociedad,* se encuentran en los *intereses sociales.*

Creo que la primera fórmula es más exacta. Los *intereses sociales,* aunque seguramente supongan un concepto sustancialmente exacto, nos parece que no pueden servir de fundamento a la teoría jurídica de los límites.

Nada hay de antijurídico en el hecho de que un derecho social suprima o limite un derecho individual, porque es propio de los derechos excluirse y limitarse entre sí; pero la idea de que un *interés* excluya o limite un derecho, es jurídicamente inexacta, porque un interés no tiene la categoría de un derecho; solo cuando la haya alcanzado podrá producir estos efectos, pero no mientras se llame simple *interés.*

59. El concepto de un derecho perteneciente a la sociedad, frente al de los individuos, ha tenido también sus objeciones.

Ante todo debe sentarse que cuando se habla de un derecho social, se alude al derecho perteneciente a la sociedad regularmente constituida, al Estado. Teniendo éste que satisfa-

[1] Núm. 4.

cer ciertas exigencias en interés de la colectividad, debe poseer medios a propósito para cumplirlas. Ahora bien: si dejase íntegra la libertad jurídica de los asociados, mal podría atender y realizar sus propios fines, motivo por el cual nace en él un verdadero derecho para imponer justas restricciones a los derechos de los individuos. Así es como puede decirse que los intereses sociales son decisivos, en cuanto determinan la superioridad del derecho social. Sin esta regla sería imposible la convivencia social. Menester es, pues, reconocer los derechos de la sociedad, del Estado, como se reconocen los del individuo.

60. Podemos ya establecer los límites de la *potestas in se ipsum* en relación con la sociedad.

El hombre es dueño de su vida, por ejemplo.

El Estado, carece de derechos sobre ella, y en efecto, como se verá en el lugar oportuno, el hombre tiene un derecho de morir tan real y verdadero como el de la vida. Pero también el Estado tiene el derecho de conservarse a sí mismo y de usar, por consiguiente, medios convenientes para este objeto. Por consecuencia de él, el Estado tiene el derecho de imponer a los ciudadanos el servicio militar y mandarles a la guerra; he aquí el derecho de autoconservación del Estado, autorizándole para sacrificar la libertad y vida de los hombres.

Veamos otros ejemplos.

Todos son libres de contraer matrimonio, una de las formas de disposición de la persona propia; pero los derechos de la sociedad que corresponden a intereses de tan varios géneros, ponen límites a esta facultad, el de la edad, v. gr.

La libertad de la unión carnal existe; pero las leyes castigan el incesto, como también cualquier acto carnal cometido en público, ofendiendo al pudor ya las buenas costumbres.

El respeto a aquél y a estas son, en efecto, derechos de la sociedad, cuya tutela corre a cargo del Estado.

También hay libertad para arrendar los trabajos y servicios propios; pero la ley, limita o condiciona, o limita y condiciona a la vez, el trabajo de los niños y las mujeres, y niega eficacia al arrendamiento perpetuo de trabajos. También aquí interviene un derecho de la sociedad: el de que no se malogren con largos, rudos y peligrosos trabajos aquellas jóvenes y débiles existencias, y el de que no perezca, con la perpetuidad de la obligación, la libertad humana, suprema conquista de la civilización.

La mayor parte de las legislaciones no contienen disposiciones penales contra el suicidio; hay también, por consiguiente, completa libertad para quitarse la vida. No obstante, en muchas legislaciones se castiga el duelo, que, en sustancia, no es más que una forma del suicidio. Se puede discutir sobre la penalidad del duelo; pero, de aceptarla, no puede tener otra razón que el derecho social de impedir el uso de la *vis privata,* derecho superior al individual de disponer de la vida propia.

61. En los teatros, en las plazas, en los circos, se ofrecen todos los días espectáculos peligrosos, en los cuales la vida de un hombre depende de la resistencia de una cuerda, de la habilidad de un tirador o de las dotes fascinadoras de un domador.

Estos juegos están permitidos. Pero sucede que un espectador quiere demostrar públicamente su valor o bien satisfacer un capricho, e intenta lo que el domador y el jugador hacen. Inmediatamente sucede, en la mayoría de casos, que la policía prohíbe el experimento. Todos recordarán, sin duda, lo que ocurrió en Italia con los periodistas, artistas, etc., que quisieron entrar en una jaula de fieras.

Parece, por consiguiente, que a quienes hacen profesión de estos juegos peligrosos se los permite disponer de su vida; pero *no a* los que no los tienen por oficio.

¿Cuál es la razón de esta diferencia?

En un artículo breve, pero nutrido de ideas, explica Lesssona[1] la diferencia, diciendo que se hace depender el derecho de disposición de la persona propia, del contrato de arrendamiento de trabajos. El que por un contrato se ha comprometido a arriesgar su vida, puede arriesgarla; a quien no hizo tal contrato le está prohibido semejante empeño. No es posible decir, añade, que la conciencia pública tenga por seres inferiores a los artistas que desafían la muerte; la razón es siempre el reconocimiento del derecho que quien tal cosa ha contratado tiene para jugarse la vida.

En efecto; cuando media un contrato regular y formal, se supone que el contratante que ha de exponer su vida ha reflexionado detenidamente sobre los graves peligros que lleva anejos su oficio; jurídicamente, esta es la razón que lo autoriza.

La prohibición que se impone a los que no hacen de los ejercicios en cuestión una profesión habitual, se justifica con las razones contrarias, es decir, por la falta de contrato, y por el hecho de que cuando los verifica un inexperto producen en los espectadores más alarma y miedo que distracción.

De esta manera, puede hablarse de un derecho en la sociedad para impedir que el hombre exponga públicamente su vida, mientras que en lugar privado, por regla general, no puede vedar los ejercicios peligrosos.

62. Otras veces, al derecho social se añade un derecho privado, superior al *jus in se ipsum.*

La mujer casada, por ejemplo, pierde el derecho de unirse carnalmente con todo otro que no sea su marido, bajo pena de separación de cuerpos o divorcio —según las legislaciones—,

---

[1] En *L' Omicidio-Suicidio,* págs. 204-215, cita Ferri este artículo. Agrega Lessona, que la licitud de estos ejercicios se funda en el predominio de los intereses sociales: «el pueblo se divierte viendo a los domadores; la ley no puede prohibir estos espectáculos, si el que dispone de su vida puede hacerlo espontáneamente. Esta gente, que desafía a la muerte, merece la admiración por un buen sentimiento: el valor». Lessona es uno de los pocos jurisconsultos que han llegado a penetrarse de la importancia científica del *jus in se ipsum.*

sin contar con las impuestas por el delito de adulterio. Concurre en este caso, con el derecho tutelar de la sociedad sobre la familia, el derecho del marido a la fidelidad conyugal.

En teoría hay también quien defiende la impunidad del aborto procurado, pero nadie la sostiene cuando la mujer le comete en fraude de los derechos del marido. Este es otro caso de un derecho privado que limita la *potestas in se ipsum,* puesto que en el aborto procurado es un acto de disposición que la mujer hace de su cuerpo.

63. Lo que llevamos dicho puede aplicarse para establecer el criterio que se debe seguir con objeto de fijar la responsabilidad de quien ofende a una persona con consentimiento de ella.

La doctrina común aplica la máxima *volenti non fit injuria,* tomada de la ley 1.ª, § 5, D. *De injur.*, cuando se trata de derechos privados enajenables; pero no cuando se trata de derechos inalienables(1).

64. Nosotros, que hemos rechazado esta distinción, según como la expone la jurisprudencia tradicional, creemos que el límite de aplicación de la máxima le determinan conjuntamente derechos sociales y privados(2).

Cuando no media un derecho superior, social o privado, el consentimiento de la víctima exime de responsabilidad, porque falta la lesión culposa del derecho; pero aparece ésta, y se sobrepone al consentimiento del ofendido, cuando el consentimiento recae sobre algo contrario a un derecho social o privado superiores.

Ya he hablado del caso del alistado para el servicio militar que se hace mutilar para sustraerse de la carga. Los pensadores de ideas antiguas dicen que el consentimiento del mozo no excluye la responsabilidad del ejecutor, porque la integridad

---

(1) Berner, *Trattato de dir. penal,* trad. de E. Bartola; Milán, 1887, § 82, páginas 113-114; Giorgi, *Teoria delle obligaz.*, vol. 5, n. 158.

(2) Chironi, *Colpa extracontrattuale,* vol. 2, n. 545, pág. 411, señala como límite el *orden público.*

personal es un derecho inalienable sobre el cual no puede recaer consentimiento. Pero yo creo que la responsabilidad jurídica del ejecutor viene de otra parte. Es responsable: 1.°, porque viola el derecho de autoconservación de la sociedad para servir de medio al cual exige a todos los asociados útiles la prestación del servicio militar; 2.°, porque viola además los derechos de los restantes alistados, a quienes perjudica notablemente cualquier exclusión[1].

Se ha dicho que la máxima *volenti non fit injuria* no se puede aplicar al derecho penal. Yo creo que es tan aplicable allí como en derecho civil, con tal de que no se olviden las mismas limitaciones, es decir, que la responsabilidad no desaparece cuando el consentimiento recae sobre objetos contrarios al derecho social, o cuando sea lesión dolosa de un derecho privado[2].

---

(1) CreeFerri, por el contrario, obra citada, pág. 39, que el criterio de aplicación de la regla *volenti non fit injuria,* antes que la renunciabilidad o no del derecho individual, es la conformidad o disconformidad con el derecho de los motivos que determinan al agente.

(2) Reservamos la parte especial de este trabajo para las aplicaciones.

IV

SUMARIO.— El derecho sobre la persona propia es autónoma.— No puede decirse a *priori* que sea derecho público o privado.— Tutela jurídica de los derechos sobre la persona propia.— División sistemática de los derechos sobre la persona propia.

65. Hemos completado con la teoría de los límites la naturaleza y alcance del *jus in se ipsum.* Este nombre, como tenemos dicho, no indica un derecho único, sino un conjunto de derechos, cuyo contenido consiste siempre en un poder de disposición sobre la persona propia, física o psíquica, con exclusión de toda otra dentro de LOS límites establecidos por otros derechos sociales y privados.

El derecho sobre la persona propia es autónomo; forma una categoría especial, dentro de la serie reconocida por la doctrina. No es ni un derecho innato e inalienable en el común sentido de ambas expresiones; pero, diferenciándose en esto de los demás *derechos personales,* es absoluto, como los derechos reales, en sentido de que es eficaz para todos.

66. No puede decirse *a priori* que su naturaleza corresponda a la de LOS derechos públicos o a la de LOS privados.

El derecho penal reprime ciertas ofensas inferidas a las personas; pero el carácter de derecho público o privado no puede depender solamente de la punibilidad de la violación. La lesión de un derecho privado puede, en efecto, ser materia del Código penal, sin que nadie diga que por ello aquel derecho pierde su naturaleza privada. De otro modo, también el derecho de propiedad sería derecho público, porque entre los delitos previstos por el Código penal esté el hurto, por ejemplo, que es una de sus violaciones.

Fadda y Bensa[1] observan con mucha exactitud que, aunque algunos de los derechos sobre la persona propia tienen carácter político, esto no puede probar otra cosa sino la de que el contenido de cada uno de los varios derechos *in se ipsum* es el único criterio que puede decidir con exactitud de su carácter. El estudio analítico de cada uno de ellos, por consiguiente, nos dará su naturaleza.

67. Como a todo derecho corresponde un deber en los demás de respetarle, la ley sanciona este derecho. Existe, por consecuencia, una tutela jurídica de los derechos *in se ipsum.*

El desarrollo de esta parte de la teoría tiene señalado su puesto en la parte especial, a continuación del estudio de cada derecho; no sería lógico ni oportuno tratar ahora de la tutela jurídica de una categoría de derechos antes de estudiar la naturaleza, contenido y aplicaciones de los derechos mismos.

En esta parte general basta observar que las legislaciones conminan con distintas penas, por su duración y entidad, a las varias ofensas que la persona física o psíquica puede sufrir, desde las más graves para el asesinato y homicidio, a las leves para las lesiones corporales y ofensas al honor.

Tampoco faltan sanciones civiles, como la indemnización de daños materiales y morales, en virtud del principio de responsabilidad: la responsabilidad civil del particular que perjudica a otro, de la compañía ferroviaria, del patrón para con el operario víctima de su trabajo.

68. La parte especial del nuestro se refiere a los objetos del derecho sobre la persona propia.

Distinguiremos ante todo *la persona física* y la *persona moral* (colectiva), advirtiendo que esta distinción no tiene otro objeto

[1] Lugar citado, pág. 605.

que el de hacer más clara y ordenada la exposición, no el de establecer un dualismo contrario a los dictados de la ciencia moderna.

Algunas de las aplicaciones del *jus in se ipsum* se relacionan con el derecho penal, y aun cuando nuestro estudio se refiere principalmente al civil, creo necesario extenderme hasta aquél, pues de otro modo sería imposible comprender todo el alcance del *jus in se ipsum,* y la teoría quedaría incompleta, sin contar con que la especialización de las ciencias no se opone al auxilio que las unas deben prestar a las otras, que es precisamente nuestro caso, ya que las aplicaciones penales del *jus in se ipsum* ilustran y completan las aplicaciones civiles.

69. Nuestro horizonte es muy vasto: tanto, que no es fácil ordenar sistemáticamente todas las aplicaciones que se ven en él.

A este efecto, creo que convendría estudiar en la *persona física: a)* el derecho sobre la vida propia; *b)* el derecho sobre el cuerpo propio, subdividido de este modo:

1.° Derecho para disponer del cuerpo.

2° Derecho a la salud o integridad personal.

3.° Derecho a la libertad sexual y corpórea en general.

4.° Derecho a la libertad personal en relación con las penas corporales.

En la *persona moral* convendría estudiar:

a) El derecho al honor.

b) El derecho al nombre.

c) Los derechos de autor.

d) El derecho a las representaciones propias.

Después de estas investigaciones, se procederá a la de la tutela jurídica de cada particular derecho.

70. Debemos hacer una advertencia. El modo de tratar estos derechos especiales no debe ser general. Si así fuese, ten-

drían razón los que afirman la inutilidad de una teoría de los derechos sobre la persona propia, teoría o doctrina que se reduciría a un conjunto de monografías sobre varios derechos especiales, sin ninguna ventaja para la ciencia.

Otro es el criterio que informa nuestro estudio. Le dedicamos principalmente a demostrar la relación de dependencia en que se encuentra cada un derecho dentro del derecho complejo que llamamos *derecho sobre la persona propia.* Este es el principio fundamental de nuestro trabajo; debemos, pues, investigar en qué categoría de la general de que nos ocupamos debe comprenderse un derecho determinado.

Sentado esto, debemos estudiar también las aplicaciones de los derechos especiales que sean consecuencia directa del *jus in se ipsum* y regidos por los principios generales de nuestra teoría.

Estos son los límites naturales de nuestro trabajo; no traspasándolos, podremos formar una teoría, no superflua para la ciencia del Derecho, sino tan útil, que arroja nuevas luces sobre muchas instituciones y complementa toda la teoría.

Nuevas relaciones jurídicas que ahora no se manifiestan podrán originar derivaciones también nuevas del *jus in se ipsum,* que, por serlo, no han podido tratarse en la parte especial de este trabajo; pero los principios generales que ya tenemos establecidos podrán, sin duda alguna, regularlas institución que aparezcan.

Necesario es el estudio de los que en la *actualidad* existen; penetrado de él, el jurisconsulto, lejos de crear el derecho infundiéndole una vida artificial, le considerará y verá siempre relacionado con toda la vida social.

LOS DERECHOS SOBRE LA PERSONA PROPIA,
de VALERIO CAMPOGRANDE, se imprimió
en la República Argentina en mayo de 2022.

Made in the USA
Monee, IL
18 October 2026

66035464R00037